AF175490

Impressum
Verlag: BABADADA GmbH, Nedderfeld 112 , 22529 Hamburg
Geschäftsführer / Verlagsleitung: Harald Hof
Druck: Books on Demand GmbH, In de Tarpen 42, 22848 Norderstedt

Imprint
Publisher: BABADADA GmbH, Nedderfeld 112 , 22529 Hamburg, Germany
Managing Director / Publishing direction: Harald Hof
Print: Books on Demand GmbH, In de Tarpen 42, 22848 Norderstedt, Germany

ليكول

escuela

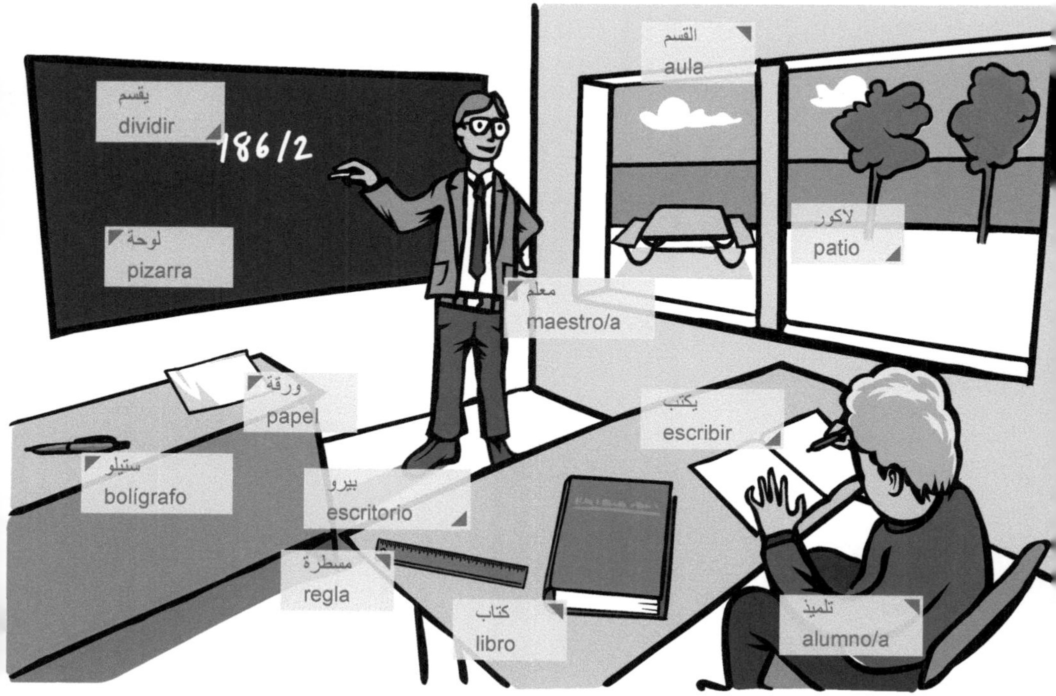
القسم
aula
يقسم
dividir
186/2
لاكور
patio
لوحة
pizarra
معلم
maestro/a
ورقة
papel
يكتب
escribir
ستيلو
bolígrafo
بيرو
escritorio
مسطرة
regla
كتاب
libro
تلميذ
alumno/a

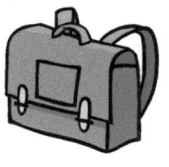

كرطاب

cartera

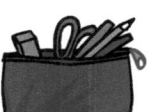

المقلمة

caja de lápices

قلم الرصاص

lápiz

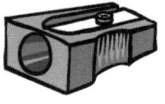

منجارة

sacapuntas

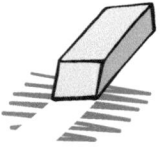

ممحا

goma de borrar

الكايي تاع الرسم

cuaderno de dibujo

الرسم

dibujo

البانسو

pincel

باتير

caja de pinturas

مقص

tijeras

كولا

pegamento

كايي تاع التمارين

cuaderno de ejercicios

الواجبات

deberes

12

النيميرو

número

2+2

يجمع

sumar

5-2

يطرح

restar

2×2

يضرب

multiplicar

يحسب

calcular

A

الحرف

letra

ABCDEFG HIJKLMN OPQRSTU VWXYZ

الحروف

alfabeto

hello

كلمة

palabra

النص
texto

يقرا
leer

طباشير
tiza

الدرس
lección

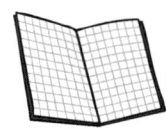

دفتر المدرسي
cuaderno de notas

ليقزاما
examen

سرتفيكا
certificado

اللبة تاع ليكول
uniforme escolar

التعليم
educación

ليكسيك
enciclopedia

الجامعة
universidad

المجهر
microscopio

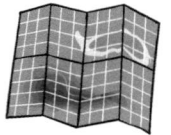

الخريطة
mapa

بوبال
papelera

فواياج
viaje

اوتال
hotel
Grand
بيت الشباب
albergue
ROOMS
بيرة تاع الصرف
oficina de cambio de divisas
فاليزة
maleta
لولو
coche

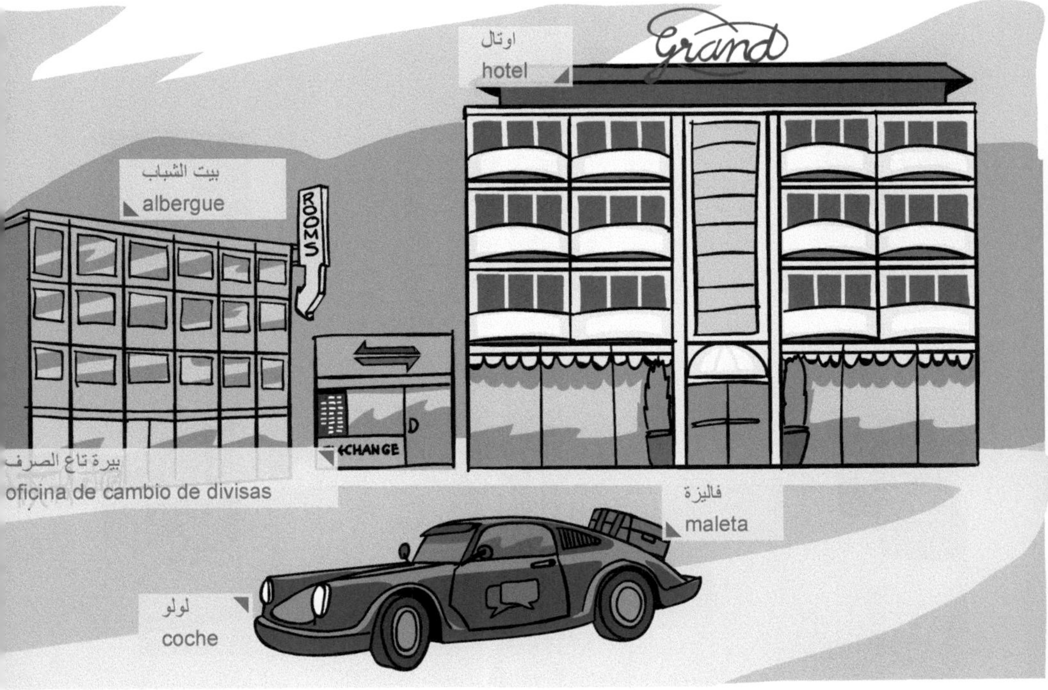

اللغة ليقصدها

idioma

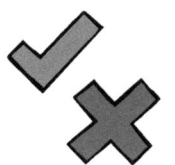

واه / لا

sí / no

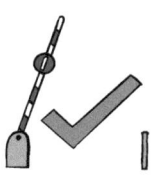

صحا

Vale

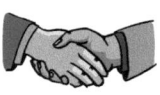

مرحبا

hola

طرجمان

traductor

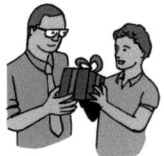

صحيت

Gracias

شعال السومة؟

¿cuánto es…?

مفهمتش

No entiendo

مشكيلة

problema

مسلخير

¡Buenas tardes!

صباح لخير

¡Buenos días!

تصبح بخير

¡Buenas noches!

بسلامة

adiós

ديركسيو

dirección

الباقاج

equipaje

ساك

bolsa

ساكادو

mochila

ضيف

invitado

شمبرا

habitación

ساك تاع رقاد

saco de dormir

خيمة

tienda de campaña

استعلامات سياحية

información turística

بحر

playa

كارطة ناع الكريدي

tarjeta de crédito

فطور الصباح

desayuno

الفطور

almuerzo

العشا

cena

البيي

billete

اسونسير

ascensor

تامبر

sello

الحدود

frontera

الديوانة

aduana

سقارة

embajada

فيزا

visa

باسبور

pasaporte

transporte

طيارة
avión

بابور
barco

لبونيبيا
coche de bomberos

بيس
autobús

كاميونة
camión

بوطي
lancha a motor

بيسكلات
bicicleta

لولو
coche

بابو

transbordador

بوطي

barca

موطو

moto

لوطو تاع لابوليس

coche de policía

لوطو تاع السيباق

coche de carreras

لوطو تاع كرية

coche de alquiler

لواطا تاع كرية

préstamo de vehículos

رومورك

grúa

كاميو تاع الزبل

camión de la basura

موتور

motor

ليسونس

gasolina

ستاسيون

gasolinera

بانو

señal de tráfico

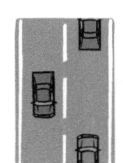

ترافيك

tráfico

سركالة

atasco

باركينغ

aparcamiento

لاقار

estación de tren

السبيكة

vías

قطار

tren

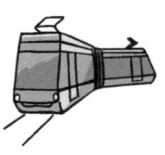

ترام

tranvía

فاغون

vagón

الهليكبتار

helicóptero

مطار

aeropuerto

تور

torre

مسافر

pasajero

كونتنار

contenedor

كرطونة

caja de cartón

شاريو

carretilla

سلة

cesta

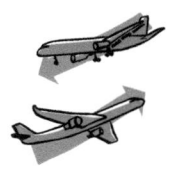

يقلع / يهود

despegar / aterrizar

مان

ciudad

قرية

pueblo

البلاد

centro de ciudad

دار

casa

CINEMA

سينيما
cine

لا بيب
anuncio

الضوء تاع برا
farola

طريق
calle

طاكسي
taxi

كيوسك
quiosco

بييطون
peatón

تروطواع
acera

رنوان
cruce

بساج بيبيتون
paso de cebra

بوبال
contenedor de basura

فيروج
semáforo

كوخ
cabaña

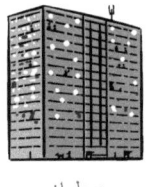

برطمان
apartamento

لاقار
estación de tren

لاميري
ayuntamiento

متّحف
museo

ليكول
escuela

الجاميعة

universidad

بانكة

banco

سيبطار

hospital

اوتال

hotel

فارماسي

farmacia

بيرو

oficina

مكتبة

librería

حانوت

tienda

فلوريست

floristería

سوبرات

supermercado

مرشي

mercado

حانوت كبير

grandes almacenes

مسمكة

pescadería

سونتر كومرسيال

centro comercial

المينا

puerto

مان - ciudad

بارك

parque

بنك

banco

جسر

puente

درج

escaleras

ميترو

metro

تونل

túnel

لاري تاع البيس

parada de autobús

بار

bar

مطعم

restaurante

صندوق البريد

buzón

البانوات

poste indicador

مقياس زمن الوقوف

parquímetro

حديقة حيوانات

zoo

بيسين

piscina

جامع

mezquita

فيرما

granja

التلوث

contaminación

مقبرة

cementerio

قليزية

iglesia

بارك

patio de juego

معبد

templo

الريف

paisaje

ورقة
hoja

بانو
señal

طريق
camino

مرج
prado

حجرة
piedra

رحالة
excursionista

شجرة
árbol

نهر
río

حشيش
hierba

زهرة
flor

واد
....
valle

جبل
....
colina

بحيرة
....
lago

غابة
....
bosque

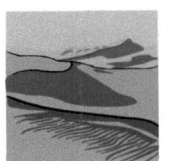

صحرا
....
desierto

بركان
....
volcán

شاطو
....
castillo

قوس قزح
....
arcoíris

فِطر
....
champiñón

نخلة
....
palmera

ناموسة
....
mosquito

ذبانة
....
mosca

نملة
....
hormiga

نحلة
....
abeja

رتيلة
....
araña

خنفوس

escarabajo

جرانة

rana

سنجاب

ardilla

قنفود

erizo

قنينة

liebre

بومة

lechuza

زاوش

pájaro

بجعة

cisne

حلوف

jabalí

عزالة

ciervo

إلكة

alce

سد

presa

الطاحونة

turbina eólica

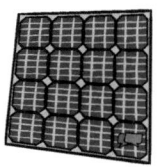

خلية شمسية

panel solar

كليما

clima

مطعم
restaurante

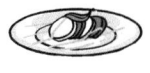

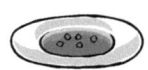

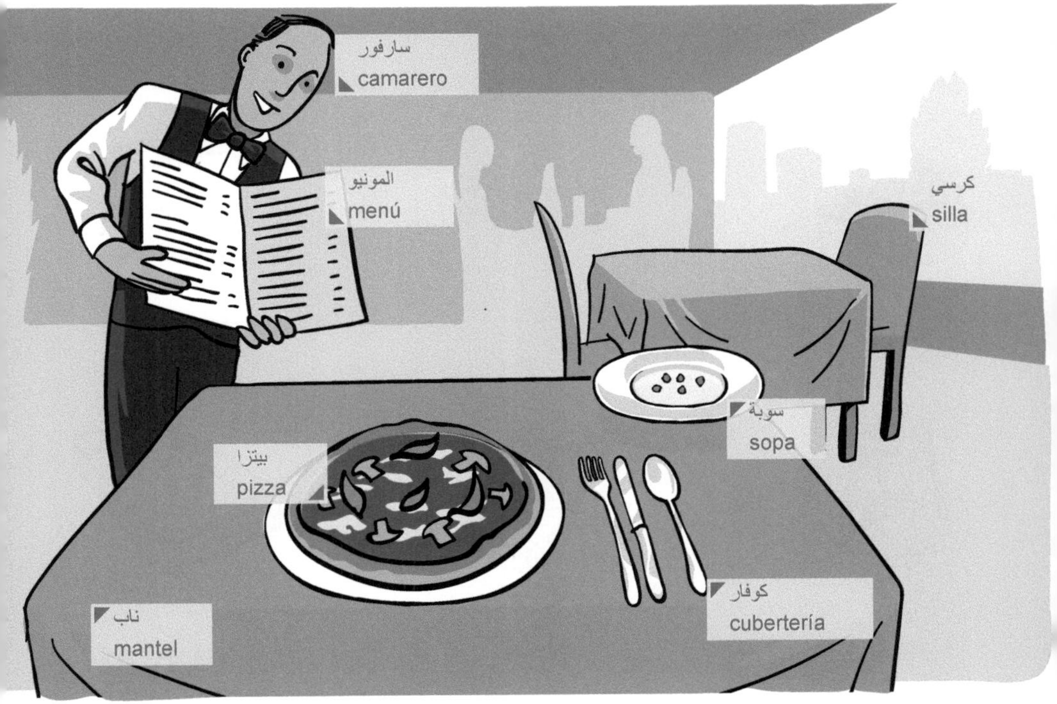

سارفور
camarero
المونيو
menú
كرسي
silla
سوبة
sopa
بيتزا
pizza
كوفار
cubertería
ناب
mantel

اوردوفر
primer plato

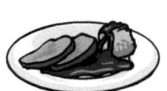

الطبق الرئيسي
plato principal

ديسار
postre

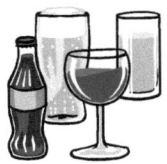

مشروبات
bebidas

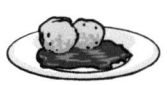

ماكلة
comida

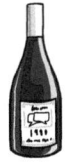

القرعة
botella

فاست فود

comida rápida

ماكلة نديه معايا

comida callejera

براد اتاي

tetera

سكرية

azucarero

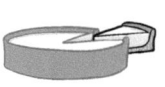

طرف

porción

ماشينة تاع اكسبريسو

cafetera expreso

كرسي عالي

trona

فاتورة

cuenta

سني

bandeja

خدمي

cuchillo

فرشيطة

tenedor

مغيرفة

cuchara

مغيرفة تاع لاتاي

cucharilla

سربيتة تاع الطابلة

servilleta

كاس

vaso

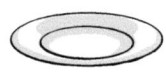

طيسي
....
plato

بول
....
plato hondo

طبسي تاع الفنجال
....
platillo

لاصوص
....
salsa

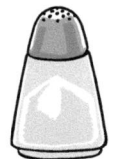

القوطي تاع الملح
....
salero

طحان تاع الحرور
....
molinillo de pimienta

خل
....
vinagre

زيت
....
aceite

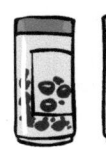

ليزيبيس
....
especias

كتشوب
....
ketchup

موطارد
....
mostaza

مايونيز
....
mayonesa

سوبرات

supermercado

بروموسيو
oferta especial
كلويون
cliente
مشتقات الحليب
lácteos
فاكية
fruta
شاريو
carro de la compra
FOR

BUTCHERS

بوشي

carnicería

BAKERY

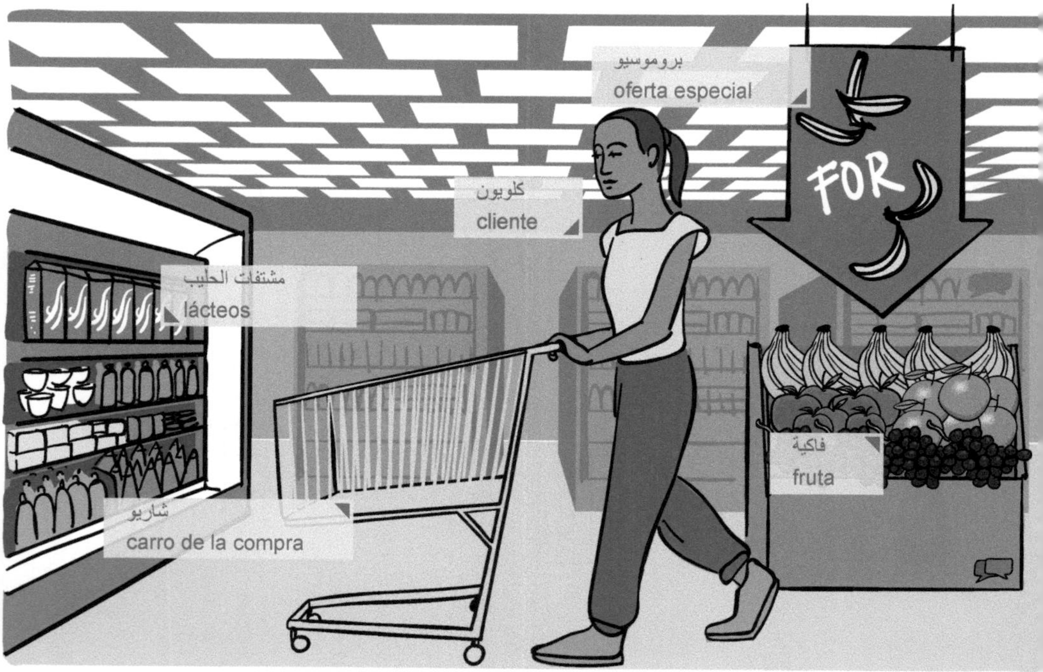

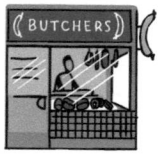

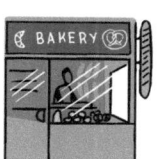

بولونجي

panadería

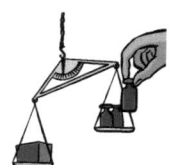

يوزن

pesar

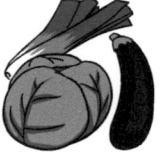

خضار

verduras

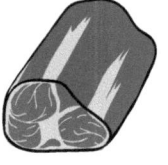

لحم

carne

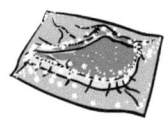

سيرجولي

alimentos congelados

كاشير
....
fiambres

كونسارف
....
conservas

الاومو تاع لغسيل
....
detergente en polvo

الحلويات
....
dulces

صوالح الدار
....
productos de uso doméstico

ديتارجو
....
productos de limpieza

فوندوز / خدامة فالحانوت
....
vendedora

لاكاس
....
caja

كاسسي
....
cajero

ليستا تاع الشري
....
lista de la compra

سوايع الخدمة
....
horario de atención al público

تزرداتم
....
cartera

كارطة ناع الكريدي
....
tarjeta de crédito

ساك
....
bolsa

بورسة
....
bolsa de plástico

الماء

agua

جو

zumo

حليب

leche

كوكا

cola

الشراب

vino

البيرة

cerveza

شراب

alcohol

كاكاو

cacao

لاتاي

té

قهوة

café

اكسبريسو

expreso

كابوتشينو

capuchino

بانانة

plátano

تفاح

manzana

تشّينا

naranja

بطيخ

melón

ليم

limón

كروطة / زرودية

zanahoria

ثوم

ajo

بانبو

bambú

بصل

cebolla

شانبينيو

champiñón

بندق

avellanas

لّيبات

fideos

سباقيتي

espagueti

روز

arroz

سلاطة

ensalada

ليفريت

patatas fritas

ليفريت

patatas fritas

بيتزا

pizza

هانبورقر

hamburguesa

سندويش

sándwich

اسكالوب

filete

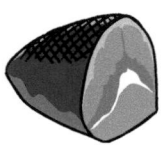

لحم الحلوف

jamón

سامي

salami

مرقاز

salchicha

جاجة

pollo

لحم مشوي

asado

حوت

pescado

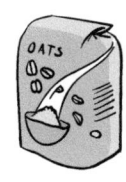

شوفان

copos de avena

موسلي

muesli

كورن فلكس

copos de maíz

فرينة

harina

كرواسون

cruasán

خبيزة

panecillo

الخبز / كسرة

pan

خبز محمر

tostada

بيسكوي

galletas

زبدة

mantequilla

لبن

cuajada

قاطو

pastel

بيض

huevo

بيض مقلي

huevo frito

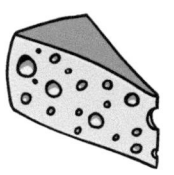

فرماج

queso

لاكرام

helado

سكر

azúcar

عسل

miel

كونفتير

mermelada

نوقا

crema de turrón

الكاري

curry

فيرما

granja

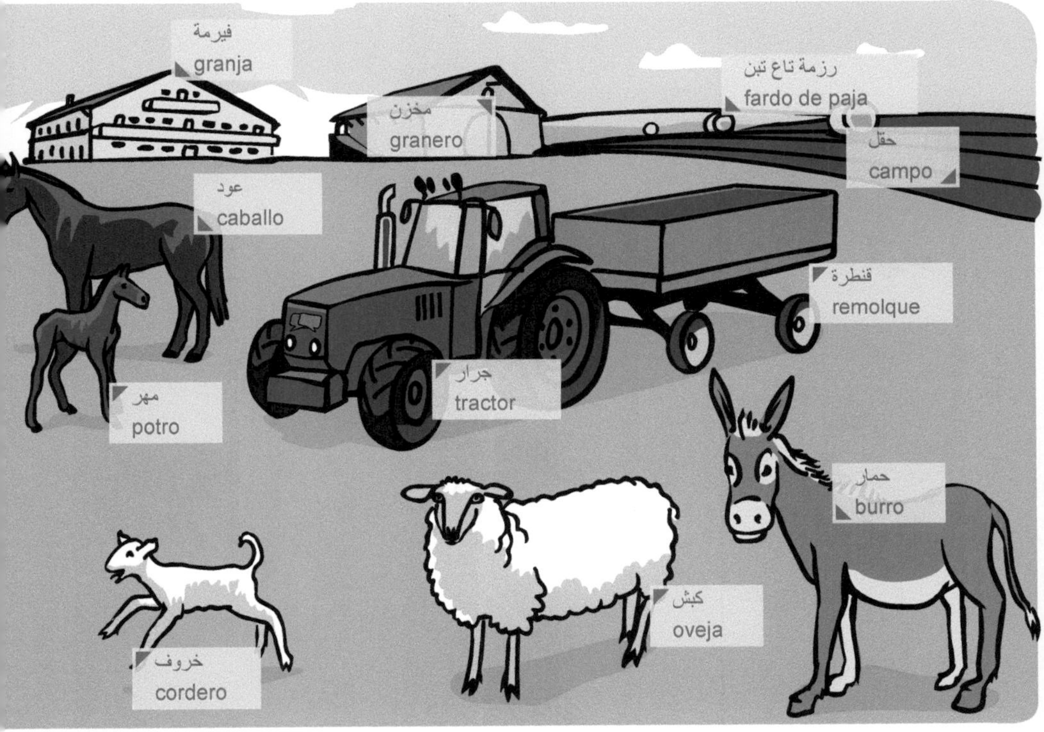

فيرمة
granja
رزمة تاع تبن
fardo de paja
مخزن
granero
حقل
campo
عود
caballo
قنطرة
remolque
جرار
tractor
مهر
potro
حمار
burro
كبش
oveja
خروف
cordero

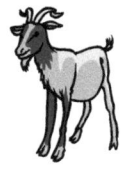

معزة

cabra

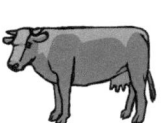

بقرة

vaca

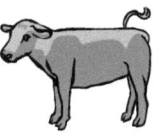

عجل

ternero

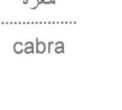

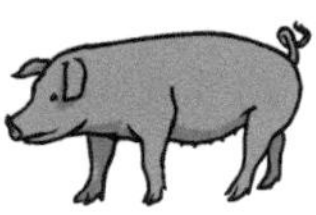

حلوف

cerdo

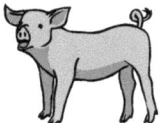

حلوف صغير

cerdito

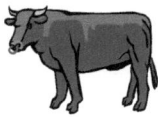

طورو

toro

وزة

ganso

بطة

pato

فلوس

pollo

جاجة

gallina

سردوك

gallo

طوبا

rata

قطة

gato

فأر

ratón

ثور

buey

كلب

perro

دار الكلب

perrera

تييو

manguera

إبريق

regadera

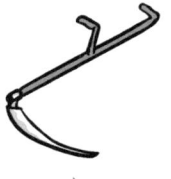

منجل

guadaña

محراث

arado

مزرعة - granja

منجل

hoz

الفاس

azada

مذراة الزبل

horca

شاقور

hacha

برويطة

carretilla

معلف

abrevadero

قابة ناع حليب

lechera

ساشيا

saco

سياج

valla

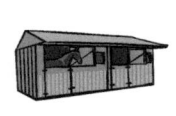

صطبل

establo

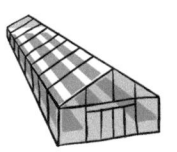

بوطاجي

invernadero

تراب

suelo

بذور

semilla

سماد

fertilizador

حصادة

cosechadora

يحصد
cosechar

الغلة
cosecha

بطاط
ñame

قمح
trigo

صويا
soja

بطاطا
patata

ماييس
maíz

سلجم
semilla de colza

شجرة تاع فاكية
árbol frutal

منيهوت
mandioca

الخبوب
cereales

دار

casa

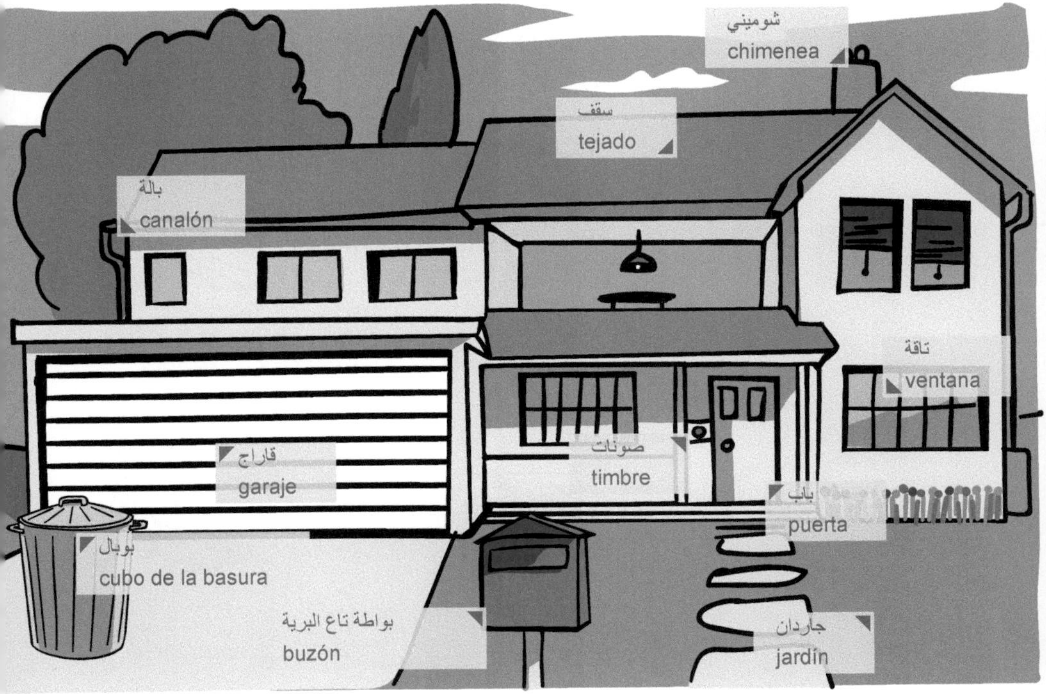

شوميني
chimenea
سقف
tejado
بالة
canalón
تاقة
ventana
قاراج
garaje
صونات
timbre
باب
puerta
بوبال
cubo de la basura
بواطة تاع البرية
buzón
جاردان
jardín

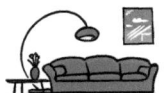

صالون

sala

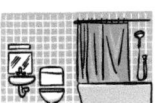

الحمام

cuarto de baño

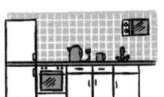

كوزينا

cocina

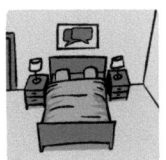

شامبرا تاع رقاد

dormitorio

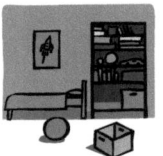

شمبرا تاع ذراري

habitación de los niños

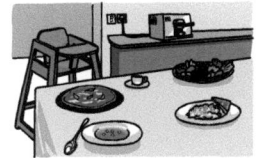

صالة مونجي

comedor

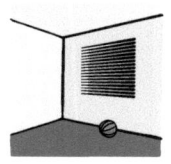

لرض
....
suelo

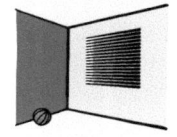

حيط
....
pared

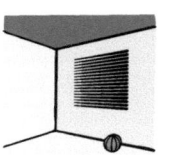

بلافو
....
techo

كافا
....
sótano

سونا
....
sauna

بالكون
....
balcón

تيراسة
....
terraza

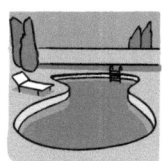

بيسين
....
piscina

جزارة تاع حشيش
....
cortacésped

ااووس
....
sábana

كووات
....
colcha

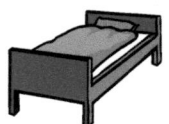

ناموسية
....
cama

مصلحة
....
escoba

بيدو تاع صليح
....
balde

انتغبتور
....
interruptor

صالون
sala

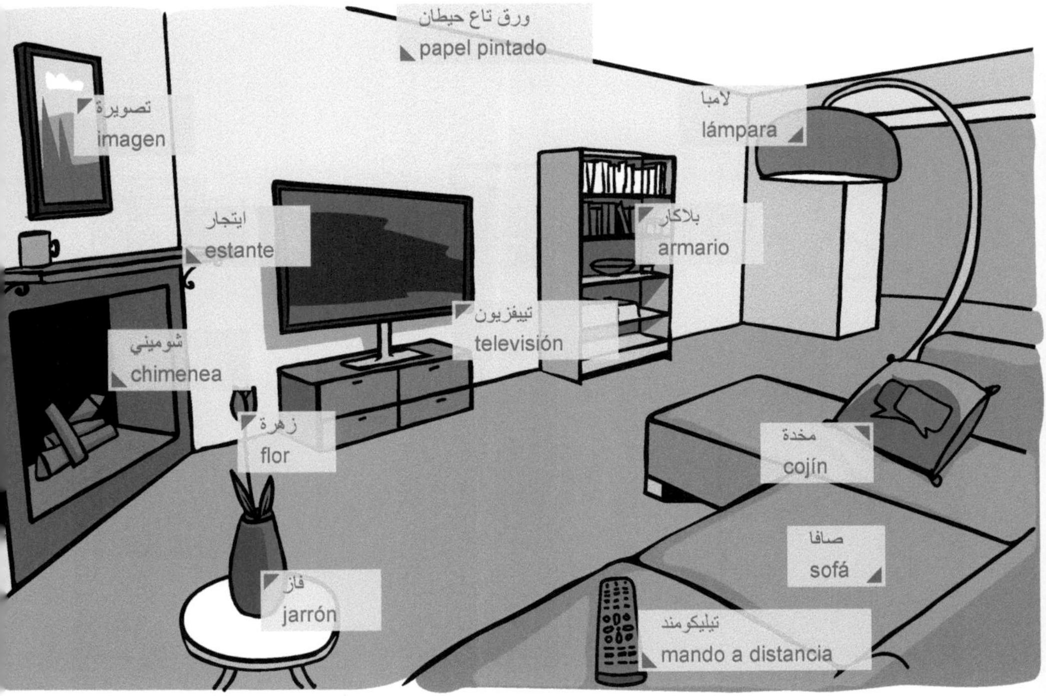

ورق تاع حيطان
papel pintado
تصويرة
imagen
لامبا
lámpara
ايتجار
estante
بلاكار
armario
تيليفزيون
televisión
شوميني
chimenea
زهرة
flor
مخدة
cojín
صافا
sofá
فاز
jarrón
تيليكومند
mando a distancia

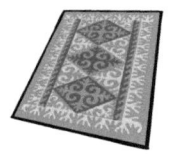

طابي
alfombra

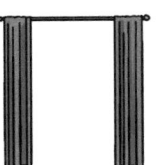

ريدو
cortina

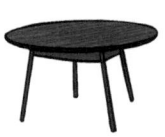

طابلة
mesa

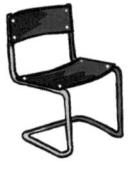

كرسي
silla

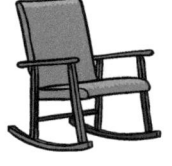

كرسي يبوجي
mecedora

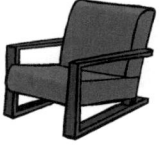

فوتاي
butaca

كتاب
libro

طوفيرطة
manta

زواق
decoración

الحطب
leña

فيلم
película

الستيريو
equipo de música

مفتاح
llave

جرنان
periódico

كادر
pintura

بوستار
póster

راديو
radio

كناش
cuaderno

اسبيراتور
aspiradora

صبار
cactus

شمعة
vela

كوزينا
cocina

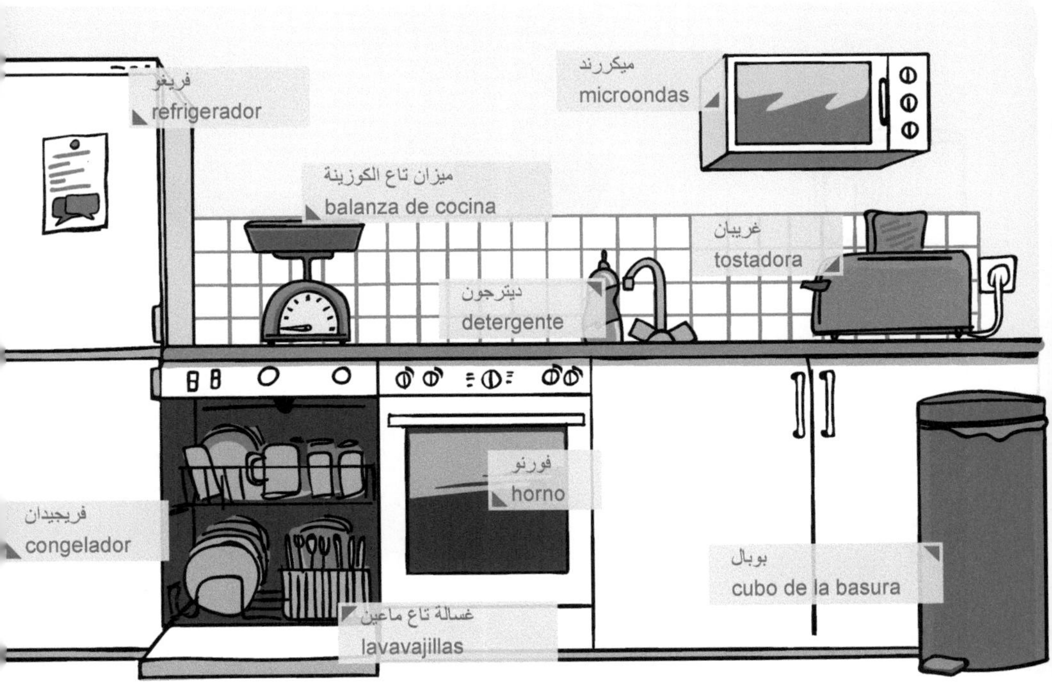

فريغو
refrigerador
ميكررند
microondas
ميزان تاع الكوزينة
balanza de cocina
غريبان
tostadora
ديترجون
detergente
فورنو
horno
فريجيدان
congelador
بوبال
cubo de la basura
غسالة تاع ماعين
lavavajillas

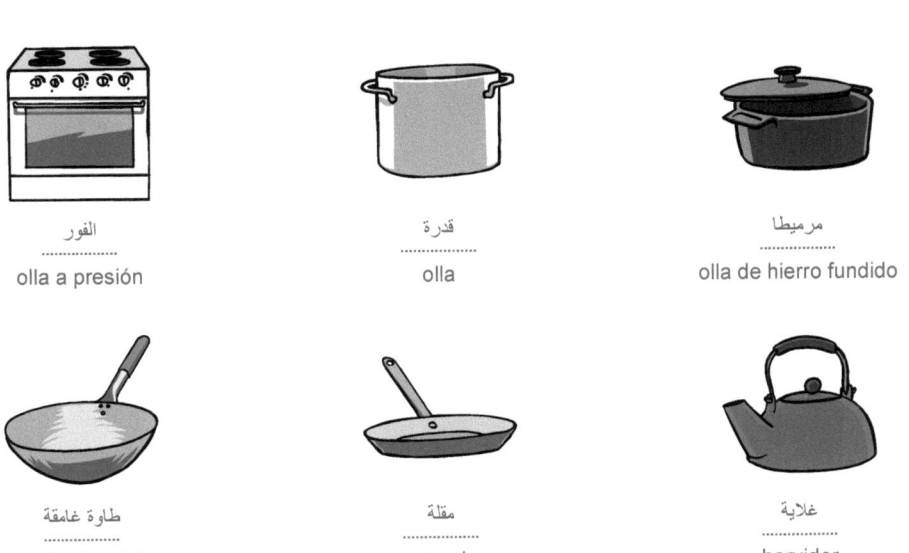

الفور
....
olla a presión

قدرة
....
olla

مرميطا
....
olla de hierro fundido

طاوة غامقة
....
wok / karahi

مقلة
....
cazuela

غلاية
....
hervidor

قدرة

vaporera

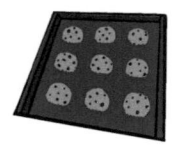

سني

chapa de horno

ماعين

vajilla

قوبلي

taza

طبسي

tazón

مطارق تاع الماكلة

palillos

لوشة

cucharón

سباتولة

espumadera

الضرابة

batidor

كسكاس

colador

صفاية

cedazo

راب

rallador

مهراز

mortero

شواية

barbacoa

موقد

hoguera

بلونشا
tabla de picar

رولو
rodillo

الحلال
sacacorchos

قابسة
lata

الحلال
abrelatas

كتان
agarrador

لافابو
lavabo

بروسة
cepillo

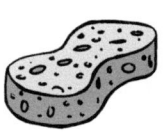

بونجة
esponja

الخلاط
batidora

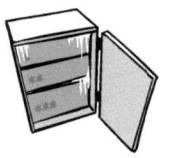

فريغو
congelador

بيبرونة
biberón

سبالة
grifo

cuarto de baño

دوش
ducha

شوفاج
calefacción

سربيتة
toalla

ريدو تاع لادوش
cortina de la ducha

حمام بالرغوة
baño de espuma

بنوار
bañera

كاس
vaso

غسالة تاع حوايج
lavadora

كراج
baldosas

سبالة
grifo

لبو
orinal

لافابو
lavabo

توالات

inodoro

توالات تركي

inodoro rústico

غسال الرجلين

bidé

مبولة

urinario

ورق تاع توالات
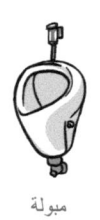
papel higiénico

بروسة تاع توالات

escobilla del váter

بروسدون

cepillo de dientes

دونتفريس

pasta de dientes

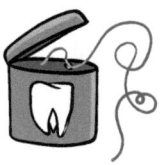

خيط السنان

hilo dental

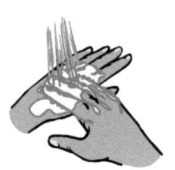

يغسل

lavar

دوشات تاع دوش

ducha de mano

دوشات

ducha íntima

لافابو

pila

بروسا تاع الظهر

cepillo de espalda

صابون

jabón

جال دوش

gel de ducha

شنبوان

champú

الحبل

toallita

قادوس

desagüe

بومادة

crema

ديودورون

desodorante

مراية

espejo

مراة صغيرة

espejo de tocador

رازوار

maquinilla de afeitar

لاموس

espuma de afeitar

كولون

loción postafeitado

مشطة

peine

بروسة

cepillo

سشوار

secador

مثبت الشعر

laca

مكياج

maquillaje

روجالإفر

pintalabios

فرني

pintauñas

قطن

algodón

كوبنغل

cortauñas

ريحة

perfume

تروسة تاع حمام

estuche de viaje

طابوري

banqueta

ميزان

balanza

بينوار

albornoz

ليغونات تاع النيتواياج

guantes de goma

تمبون

tampón

لييوند

compresa

توالات

inodoro químico

شمبرا تاع ذراري
habitación de los niños

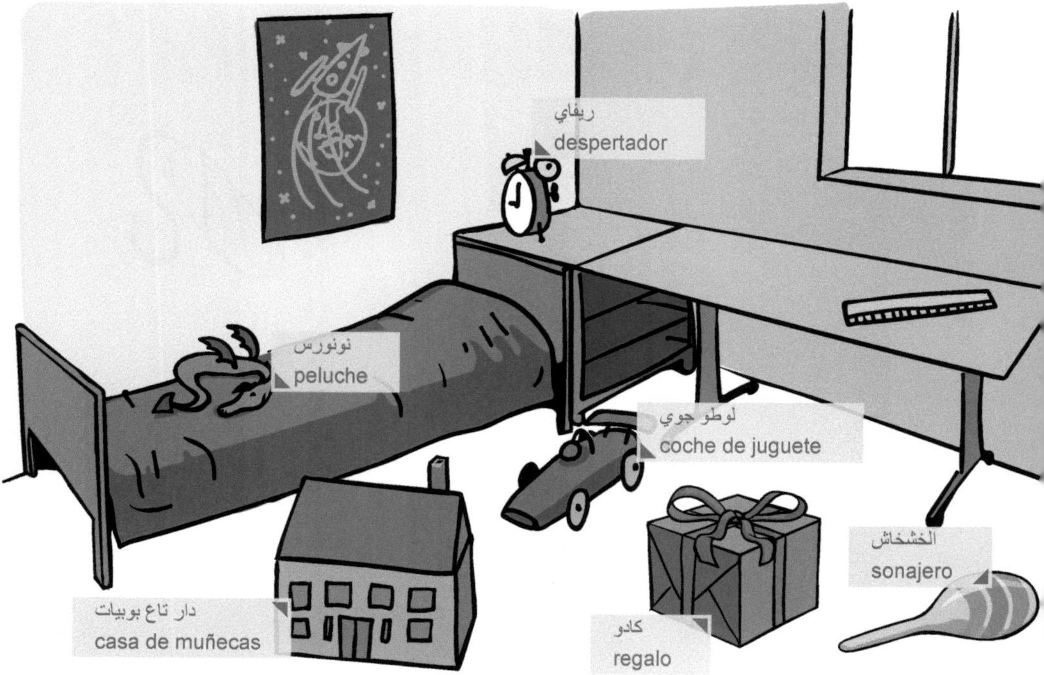

ريفاي
despertador
نونورس
peluche
لوطو جوي
coche de juguete
الخشخاش
sonajero
دار تاع بوبيات
casa de muñecas
كادو
regalo

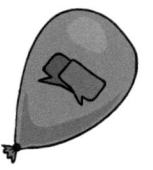

بالونة / نسافة

globo

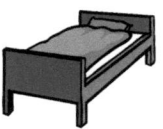

ناموسية

cama

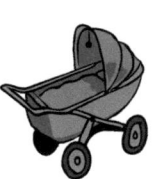

بوسات

coche de niño

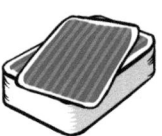

الكارطة

naipes

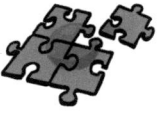

البوزيل

puzle

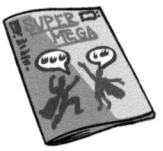

بوند ديسيني

tebeo

اللیغو

piezas de lego

حجر يبنوه

bloques de juguete

بوبية

figura de acción

لبسة تاع البيبي

bodi (de bebé)

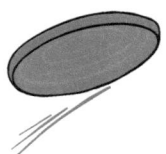
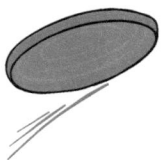

فريزي

frisbee

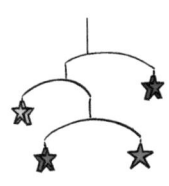

اللهاية

colgador móvil para bebés

لعبة الطابلة

juego de mesa

الدي

dados

التران

circuito de tren eléctrico

سوسات

maniquí

حفلة / الفيشطة

fiesta

كتاب بتصاوير

álbum de fotos

بالون

pelota

بوبية

muñeca

يلعب

jugar

بارك بالرملة
....
cajón de arena

بنصوار
....
columpio

جوي
....
juguetes

منيطا
....
videoconsola

بيسكلات
....
triciclo

دبدوب
....
oso de peluche

ماريو
....
guardarropa

حوايج

ropa

نقاشر
....
calcetines

ليبا
....
medias

كولو
....
leotardos

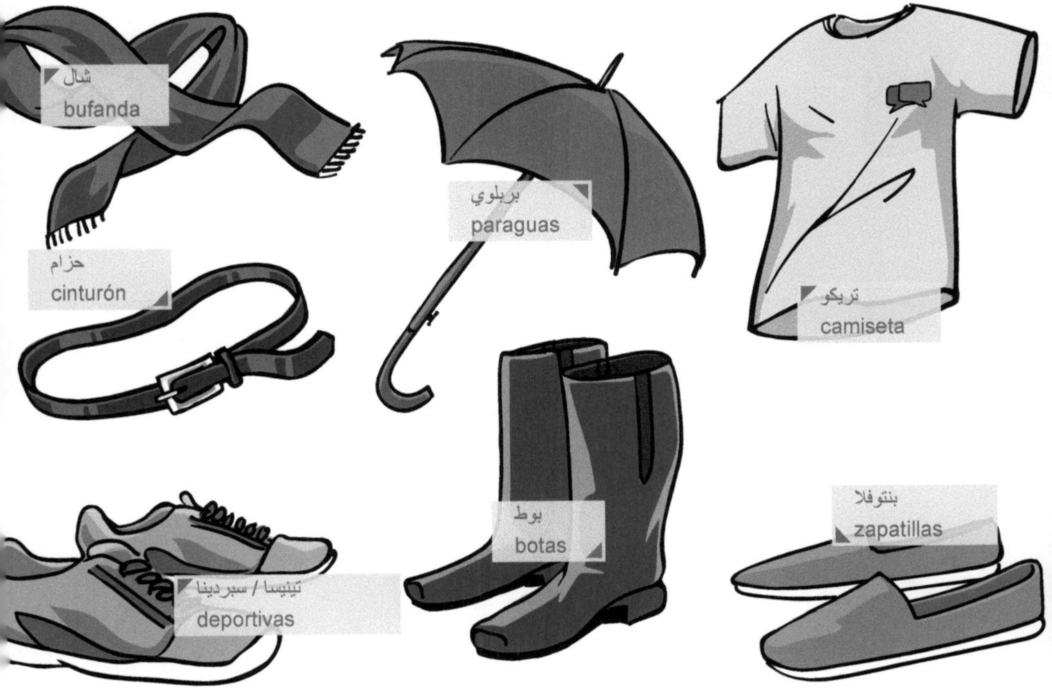

شال
bufanda

حزام
cinturón

بريلوي
paraguas

تريكو
camiseta

تينيسا / سبردينا
deportivas

بوط
botas

بنتوفلا
zapatillas

صندالة
....
sandalias

صباط
....
zapatos

بوط بلاستيك
....
botas de goma

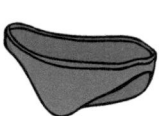

كالسون
....
slip

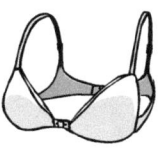

سوتيان
....
sostén

حويج تاع داخل
....
chaleco

لاسق على الجسم

bodi

سروال

pantalones

جين

vaqueros

جيبا

falda

طابلية

blusa

قمجة

camisa

تريكو

jersey

قارديقون

suéter

بلازار

blazer

فيستا

chaqueta

بالطو

abrigo

بالطو

gabardina

كوستيم

traje

روبا

vestido

روب بلونش

vestido de novia

كوستيم

traje

شوميز دونوي

camisón

بيجاما

pijama

ساري

sari

حجاب

bandana

عمامة

turbante

برقع

burka

قفطان

caftán

عباية

abaya

مايو

traje de baño

سروال تاع عوم

bañador

شورت

pantalones cortos

لبسة تاع سبور

chándal

طابلية

delantal

ليقونات

guantes

قفلة
....
botón

نواظر
....
gafas

براسلي
....
brazalete

سنسلة
....
collar

خاتم
....
anillo

منقوش
....
pendiente

بوني
....
gorra

سانتر
....
percha

شابو
....
sombrero

قرافاطة
....
corbata

غيمة
....
cremallera

كاسك
....
casco

بروتال
....
tirantes

اللبة تاع ليكول
....
uniforme escolar

لينيفورم
....
uniforme

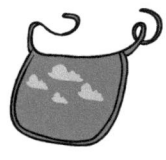

رياقة

babero

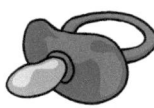

سوسات

maniquí

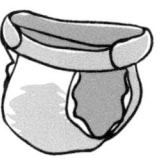

ليكوش

pañal

بيرو

oficina

سارفر
servidor
خزانة تاع الملفات
archivo
امبريمانت
impresora
ورقة
papel
ليكرون
monitor
لاسوري
ratón
بيرو
escritorio
كلاسور
carpeta
كلافيي
teclado
بوبال
papelera
اوردیناتور
ordenador
كرسي
silla

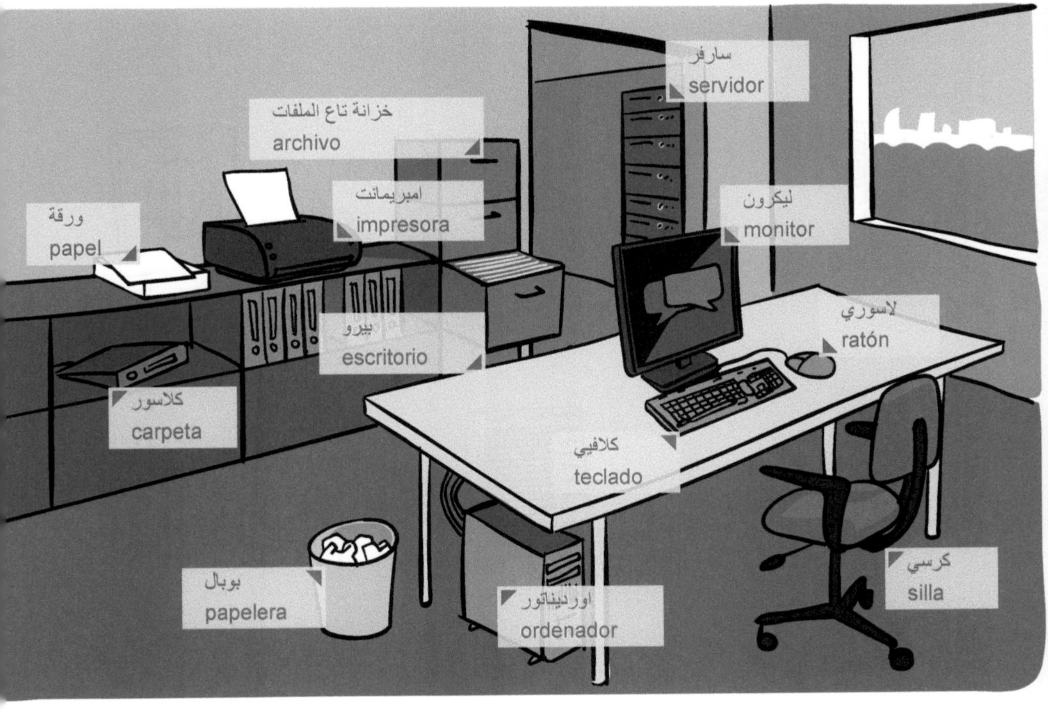

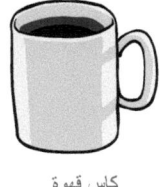

كاس قهوة

taza de café

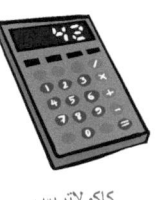

كاكولاتريس

calculadora

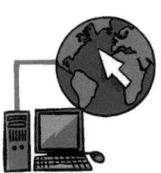

لانترنت

internet

أورديناتور

portátil

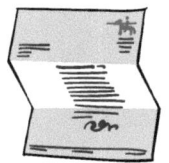

برية

carta

ميساج

mensaje

بورطابل

móvil

ريزو

red

فوطوكوبي

fotocopiadora

لوجسيال

software

تيلفون

teléfono

بريزة

toma de corriente

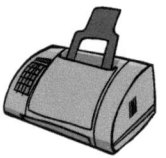

فاكس

fax

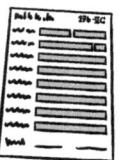

استمارة

formulario

وثيقة

documento

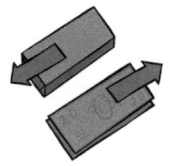

يشري

comprar

يخلص

pagar

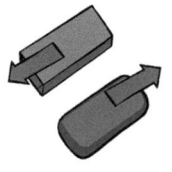

يتاجر

comerciar

دراهم

dinero

دولار

dólar

أورو

euro

ين

yen

روبل

rublo

فرنك سويسري

franco suizo

يوان

renminbi yuan

روبية

rupia

ديستريبيتور

cajero automático

بيرة تاع الصرف

oficina de cambio de divisas

ذهب

oro

فضة

plata

نفط

petróleo

طاقة

energía

السومة

precio

عقد

contrato

طاكس

impuesto

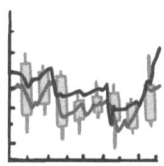

سهم

acción

يخدم

trabajar

خدام

empleado

مول الشي

empleador

وزين

fábrica

حانوت

tienda

الخدمة

oficios

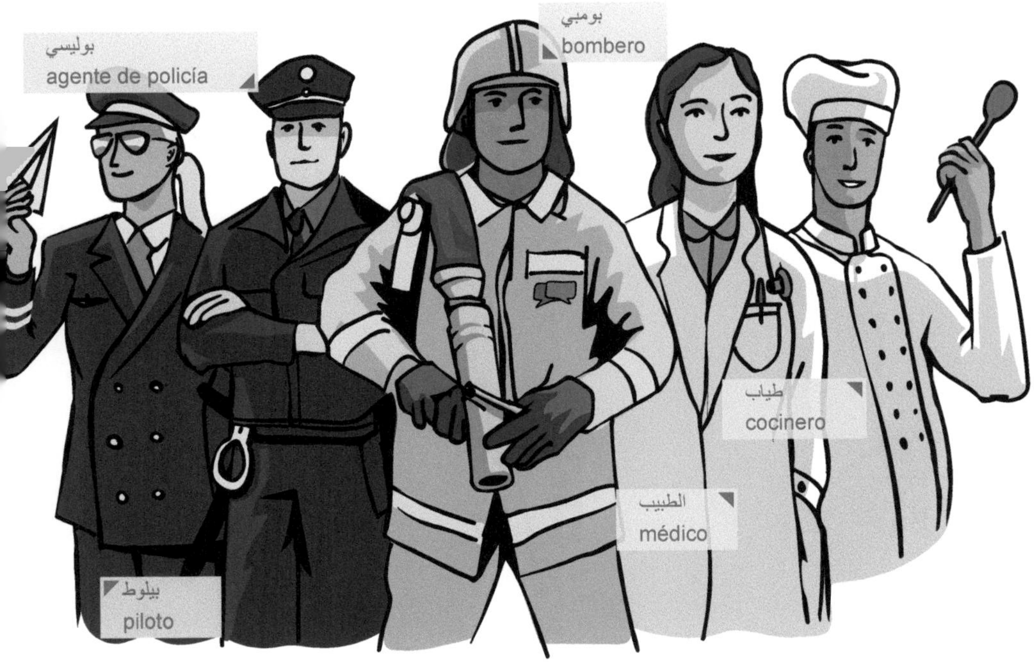

بوليسي
agente de policía
بومبي
bombero
طياب
cocinero
الطبيب
médico
بيلوط
piloto

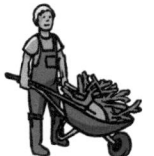

جرديني
jardinero

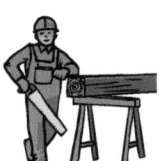

نجار
carpintero

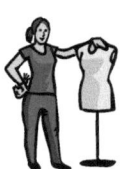

خياط
costurera

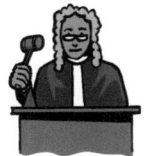

قاضي
juez

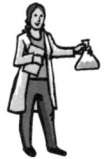

شيميك
farmacéutico

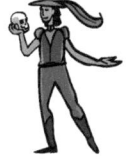

ممثل
actor

ثوفير

conductor de autobús

طاكسيور

taxista

صياد

pescador

خدامة

señora de la limpieza

ماصو تاع الصقف

techador

سارفور

camarero

صياد

cazador

بنتار

pintor

خباز

panadero

الكتريسيان

electricista

ماصون

obrero

مهندس

ingeniero

بوشي

carnicero

بلومبي

fontanero

فاكتور

cartero

جندي

soldado

ارشيتكت

arquitecto

كاسيي

cajero

بياع اورد

florista

كوافير

peluquero

الكنترول

revisor

ميكانيسيان

mecánico

كابيتان

capitán

طبيب سنان

dentista

عالم

científico

حاخام

rabino

امام

imán

موان

monje

موان

sacerdote

ليزوتي

herramientas

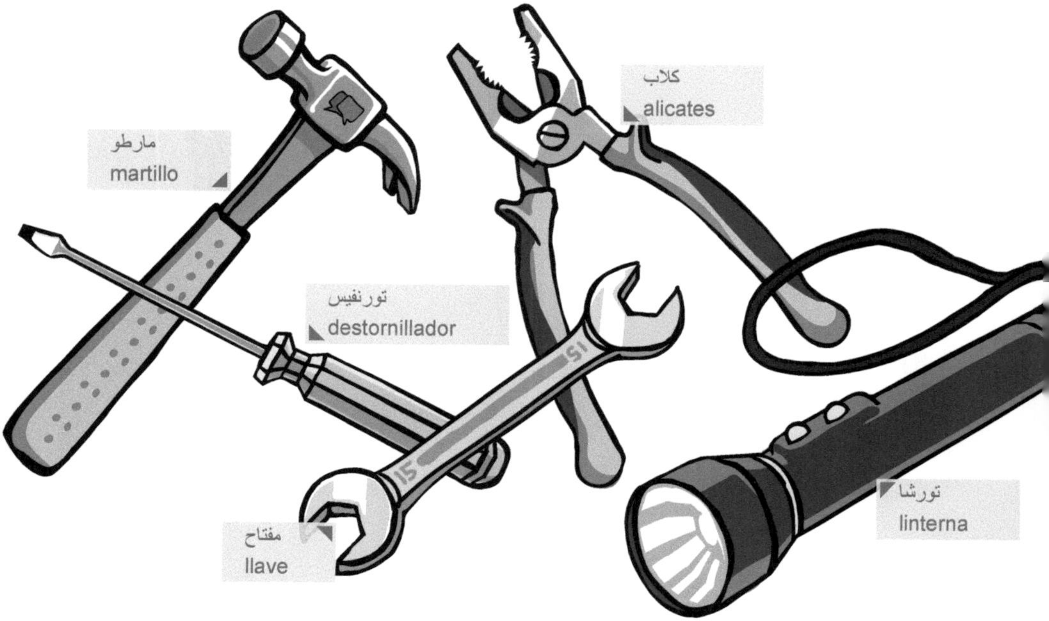

مارطو
martillo
كلاب
alicates
تورنفيس
destornillador
مفتاح
llave
تورشا
linterna

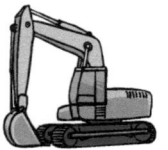

جرافة

excavadora

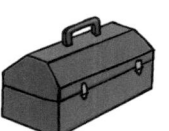

قايصة نتاع ليزوتي

caja de herramientas

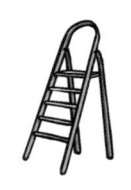

سلوم

escalera de mano

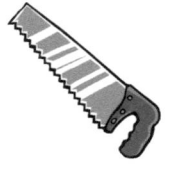

منشار

sierra

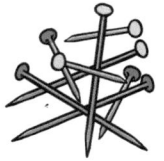

مسامير

clavos

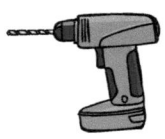

برسوز

taladro

يصنع

reparar

البالة

pala

ياويلي

¡Maldita sea!

بالا

recogedor

بوتاع بنتورة

bote de pintura

ليفيس

tornillos

آلات موسيقية

instrumentos musicales

آلات الإيقاع
batería

مكبر الصوت
altavoz

غيتارة
guitarra

كمان أجهر
contrabajo

بوق
trompeta

بيانو

piano

كمنجة

violín

جيتار

bajo

طبل كبير

timbales

طبل

tambor

بيانو كهربائي

teclado

ساكسوفون

saxofón

ناي

flauta

ميكروفون

micrófono

آلات موسيقية - instrumentos musicales

حديقة حيوانات

ZOO

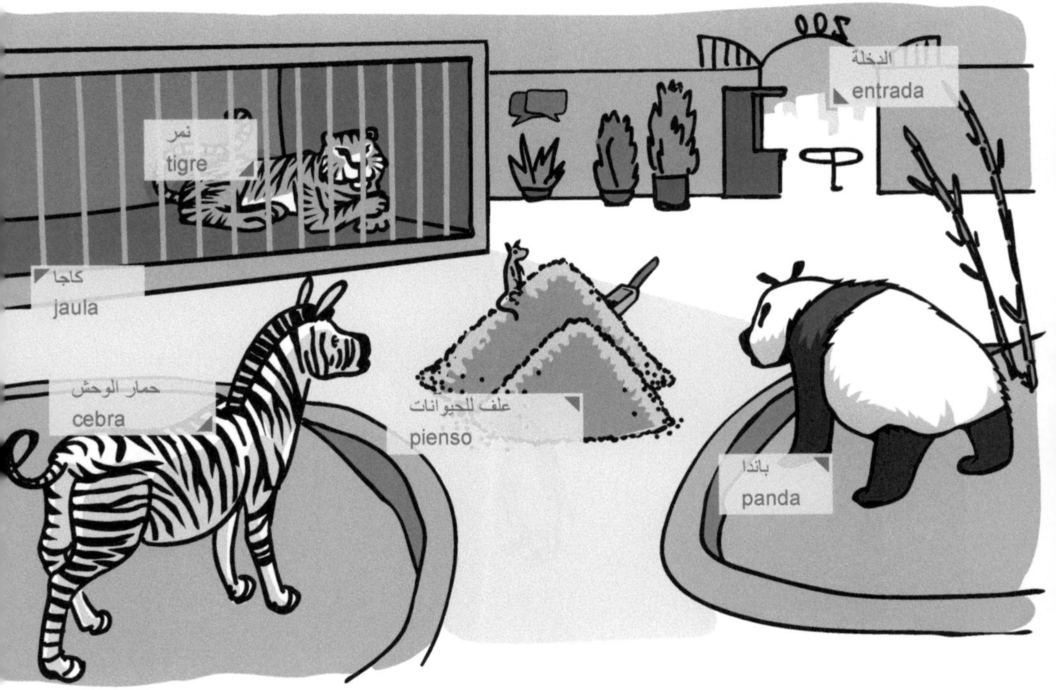
نمر
tigre
الدخلة
entrada
كاجا
jaula
حمار الوحش
cebra
علف للحيوانات
pienso
باندا
panda

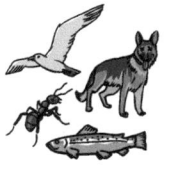

حيوانات

animales

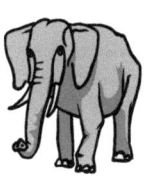

فيل

elefante

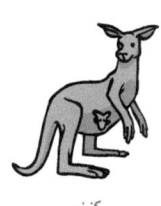

كنغر

canguro

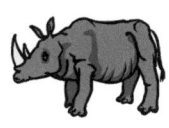

وحيد القرن

rinoceronte

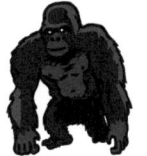

غوريلا

gorila

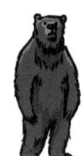

دب

oso

جمل
....
camello

نعامة
....
avestruz

سبع
....
león

تشيطا
....
mono

فلامونغوز
....
flamingo

بيروكي
....
loro

دب قطبي
....
oso polar

بطريق
....
pingüino

سمك القرش
....
tiburón

طاووس
....
pavo real

لفعة
....
serpiente

تمساح
....
cocodrilo

عساس في حديقة الحيوان
....
guardián de zoológico

عجل البحر
....
foca

نمر أمريكي مرقط
....
jaguar

فرس قزم
poni

نمر
leopardo

فرس النهر
hipopótamo

زرافة
jirafa

نسر
águila

حلوف
jabalí

حوت
pescado

فكرون
tortuga

حيوان فظ البحري
morsa

ثعلب
zorro

غزال
gacela

deportes

بالون اميريكا
fútbol americano

الركبة تاع البيسكلت
ciclismo

تينيس
tenis

باسكات
baloncesto

العوم
natación

بوكس
boxeo

هوكي
hockey sobre hielo

بالون
fútbol

الريشة الطائرة
bádminton

اتلاتيزم
atletismo

الهوند
balonmano

سكي
esquí

بولو
polo

ينقزّ — saltar

يضحك — reír

يعنق — abrazar

يمشّي — caminar

يغنّي — cantar

ينوم — soñar

يصلّي — rezar

يبوس — besar

يكتب — escribir

يرسم — dibujar

يوري — mostrar

يدمر — empujar

يعطي — dar

يدي — tomar

يملك
....
tener

يخدم
....
hacer

كاين
....
ser

يوقَف
....
estar de pie

يجري
....
correr

يجبد
....
tirar

يقيس / يرمي
....
tirar

يطيح
....
caer

يتكسل
....
yacer

يشّوف
....
esperar

يرفد
....
llevar

يقعد
....
estar sentado

يلبس
....
vestirse

يرقد
....
dormir

ينوظ
....
despertar

يْشوف في

mirar

يبكي

llorar

يحك

acariciar

يمشّط

peinar

يهدر

hablar

يفهم

entender

يسقّسي

preguntar

يسمع

escuchar

يْشرب

beber

ياكل

comer

يخمل

ordenar

يبغي

amar

يطيّب

cocinar

يصوق

conducir

يطير

volar

يبحر بالفلوكة

navegar

يحسب

calcular

يقرا

leer

يتعلم

aprender

يخدم

trabajar

يتزوج

casarse

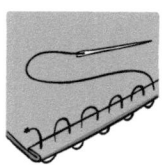

يخيط

coser

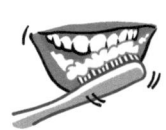

يغسل سنانو

cepillarse los dientes

يكتل

matar

يكمي

fumar

يرسل

enviar

familia

لحدة
abuela

الجد
abuelo

الاب
padre

الام
madre

الذري
bebé

البنت
hija

الولد
hijo

ضيف
invitado

العمة / الخالة
tía

العم / الخال
tío

الخو
hermano

الخت
hermana

الجسم

cuerpo

الجبهة
frente
العين
ojo
الكتف
hombro
صبع
dedo
الوجه
cara
اللحية
barbilla
اليد
mano
الساق
pierna
الصدر
pecho
الذراع
brazo

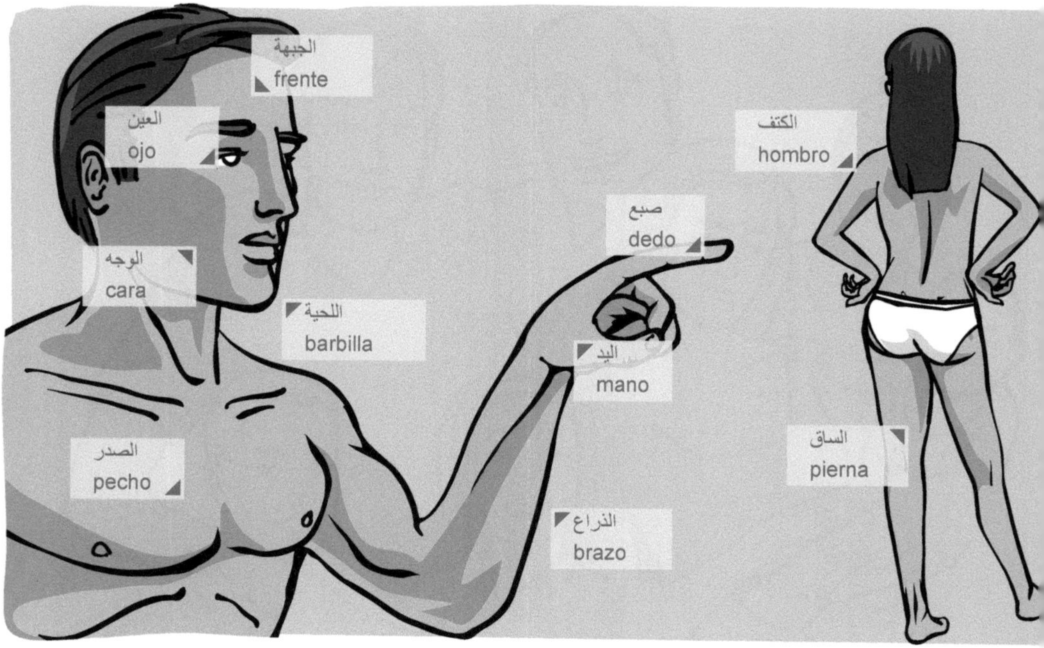

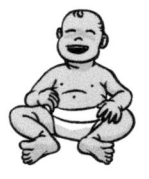

الذري

bebé

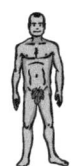

الراجل

hombre

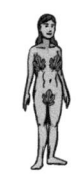

المرا

mujer

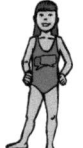

الشيرة، الطفلة

chica

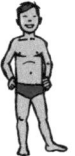

الشير

chico

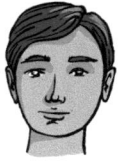

الراس

cabeza

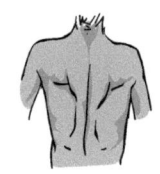

ظهر

espalda

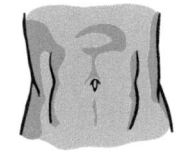

الكرش

vientre

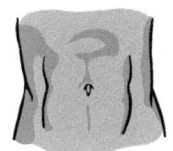

السرة

ombligo

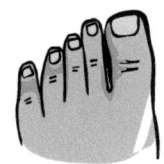

صبع

dedo del pie

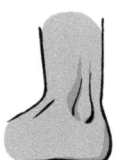

طالون

talón

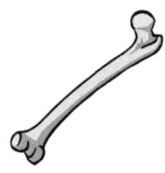

العظم

hueso

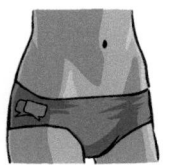

المرادف

cadera

الركبة

rodilla

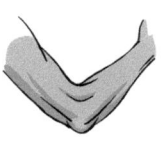

لمرفغ

codo

نيف

nariz

مصاصيط

trasero

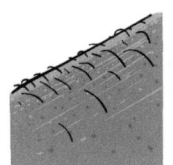

البشرة

piel

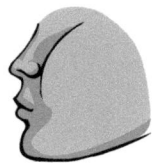

الحنوك

mejilla

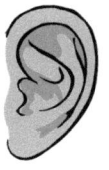

لوذن

oído

شورب

labio

الفم

boca

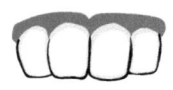

السنة

diente

اللسان

lengua

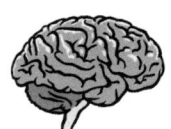

الدماغ

cerebro

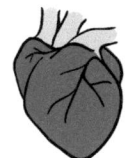

القلب

corazón

العضلة

músculo

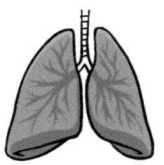

الرية

pulmón

الكبدة

hígado

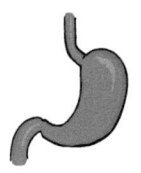

لسطوما ما

estómago

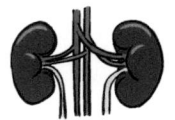

كلوى

riñones

رابور

sexo

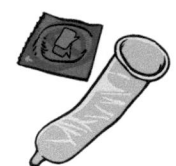

بريزارفتيف

condón

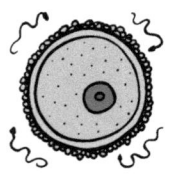

البويضة

ovario

سبرم

semen

بلكرش

embarazo

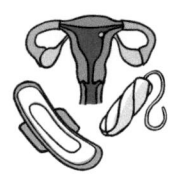

ليراغل
....
menstruación

المهبل
....
vagina

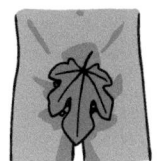

المذاكر
....
pene

الحاجب
....
ceja

الشعر
....
pelo

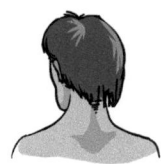

رقبة
....
cuello

سبيطار

hospital

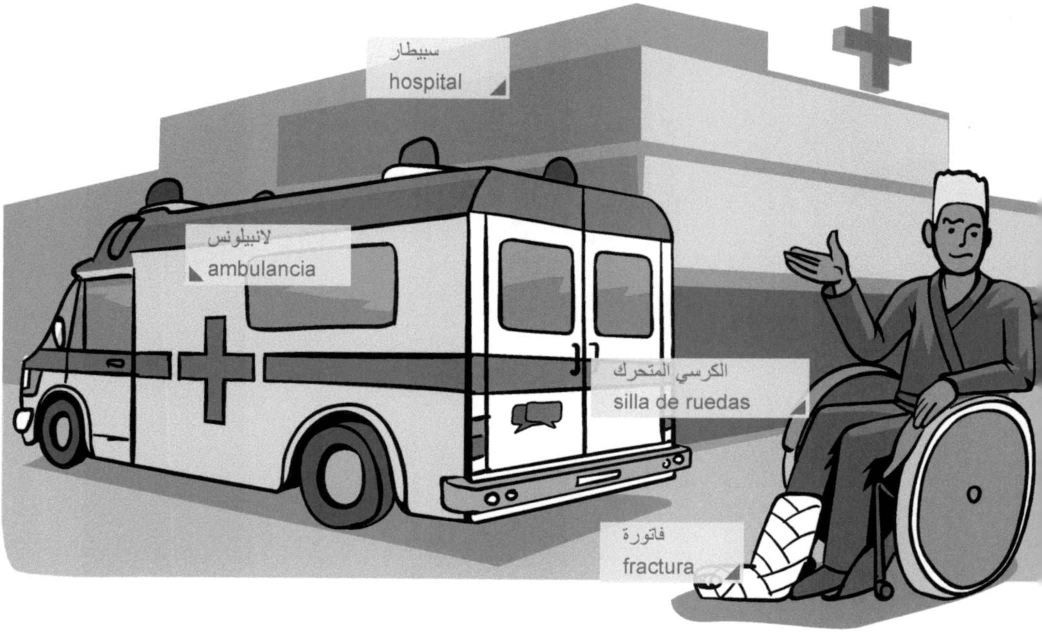

سبيطار
hospital
لانبيلونس
ambulancia
الكرسي المتحرك
silla de ruedas
فاتورة
fractura

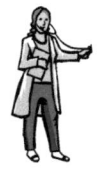

الطبيب

médico

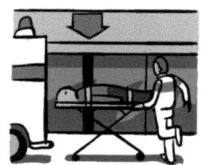

ليزيرجونس

sala de urgencias

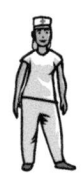

الممرضة

enfermera

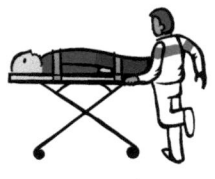

ليرجونس

urgencia

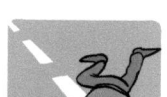

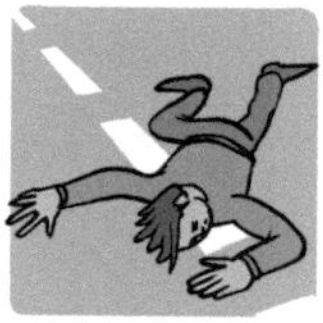

تغاشى

inconsciente

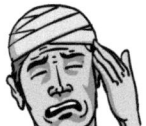

الوجع

dolor

الجرح

lesión

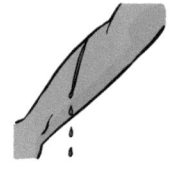

يسل الدم

hemorragia

القلب

infarto

لافيسي

ictus

لالرجي

alergia

الكحة

tos

الحمة

fiebre

لاقريب

gripe

الاسهال

diarrea

ميغران

dolor de cabeza

السرطان

cáncer

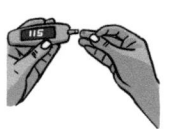

السكر

diabetes

الجراح

cirujano

مبضع

bisturí

عملية تاع القلب

operación

لاسيتي

TAC

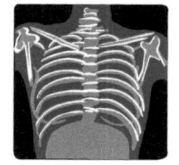

الراديو

rayos x

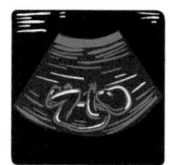

لولتخازون

ultrasonido

لماسك

mascarilla

المرض

enfermedad

وين يقارعو

sala de espera

العكاز

muleta

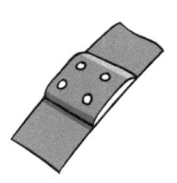

سكوتش

tirita

ليانسما

venda

لبرة

inyección

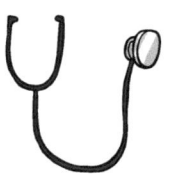

السماعة تاع الطبيب

estetoscopio

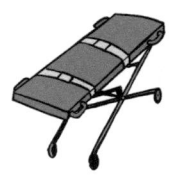

نقالة

camilla

لوزنو بيه الحمة

termómetro

زيادة

nacimiento

السمونية

sobrepeso

جهاز السمع

audífono

المعقم

desinfectante

لنفكسون

infección

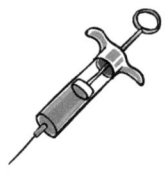

الفيروس

virus

السيدا

VIH / SIDA

الدوا

medicina

الفاكسان

vacunación

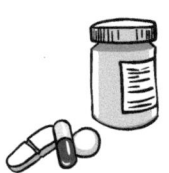

الدوا حب

tabletas

بيلولة

pastilla

يعيط للنجدة

llamada de urgencia

الجهاز ليقيسو بيه الدم

tensiómetro

مريض / صحيح

enfermo / sano

سلكوني

¡Socorro!

لالارم

alarma

يتعدا

asalto

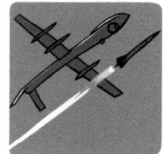

يهجم

ataque

دونجي

peligro

مخرج الطوارئ

salida de emergencia

النار شاعلة

¡Fuego!

لكستانتور

extintor de incendios

اكسيدون

accidente

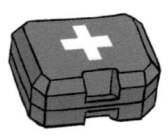

فيزة تاع الاسعاف الاولي

botiquín de primeros
auxilios

سلكونا

SOS

لابوليس

policía

أوروبا

Europa

أمريكا الشمالية

Norteamérica

أمريكا الجنوبية

Sudamérica

أفريقيا

África

آسيا

Asia

أستراليا

Australia

المحيط الأطلسي

Atlántico

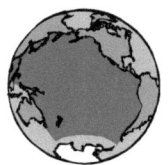

المحيط الهادي

Pacífico

المحيط الهندي

Océano Índico

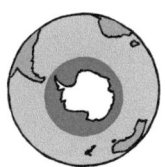

المحيط المتجمد الجنوبي

Océano Antártico

المحيط المتجمد الشمالي

Océano Ártico

القطب الشمالي

polo norte

القطب الجنوبي

polo sur

منطقة القطب الجنوبي

Antártida

أرض

tierra

بلاد

tierra

بحر

mar

جزيرة

isla

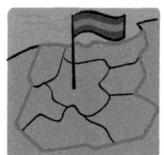

امة

nación

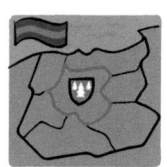

دولة

estado

ميناء الساعة

esfera

عقرب الساعات

manecilla de las horas

عقرب الدقائق

minutero

عقرب الثواني

segundero

شعال راها الساعة؟

¿Qué hora es?

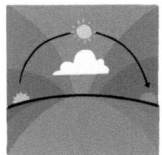

يوم

día

زمن

tiempo

دروك

ahora

ساعة رقمية

reloj digital

دقيقة

minuto

ساعة

hora

semana

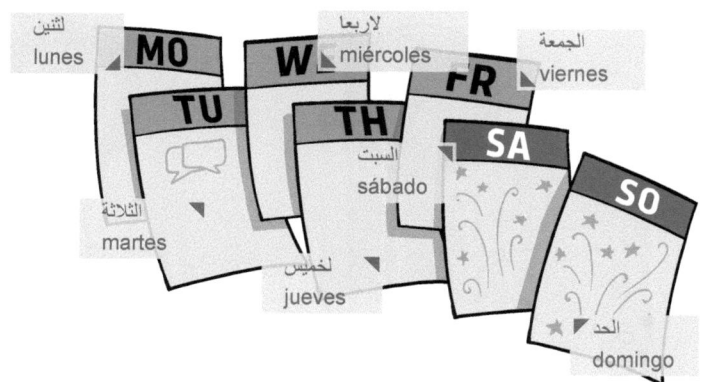

لثنين
lunes

MO

W miércoles
لاربعا

الجمعة
viernes

TU

TH

FR

السبت
sábado

SA

SO

الثلاثة
martes

لخميس
jueves

الحد
domingo

لبارح
ayer

اليوم
hoy

غدوا
mañana

صباح
mañana

القايلة
mediodía

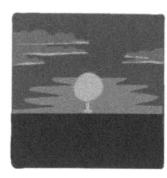

العشية
tarde

MO	TU	WE	TH	FR	SA	SU
1	2	3	4	5	6	7
8	9	10	11	12	13	14
15	16	17	18	19	20	21
22	23	24	25	26	27	28
29	30	31	1	2	3	4

يامات الخدمة
días laborables

MO	TU	WE	TH	FR	SA	SU
1	2	3	4	5	6	7
8	9	10	11	12	13	14
15	16	17	18	19	20	21
22	23	24	25	26	27	28
29	30	31	1	2	3	4

ويكاند
fin de semana

النو

lluvia

قوس قزح

arcoíris

ثلج

nieve

الريح

viento

الربيع

primavera

الخريف

otoño

الصيف

verano

الشتا

invierno

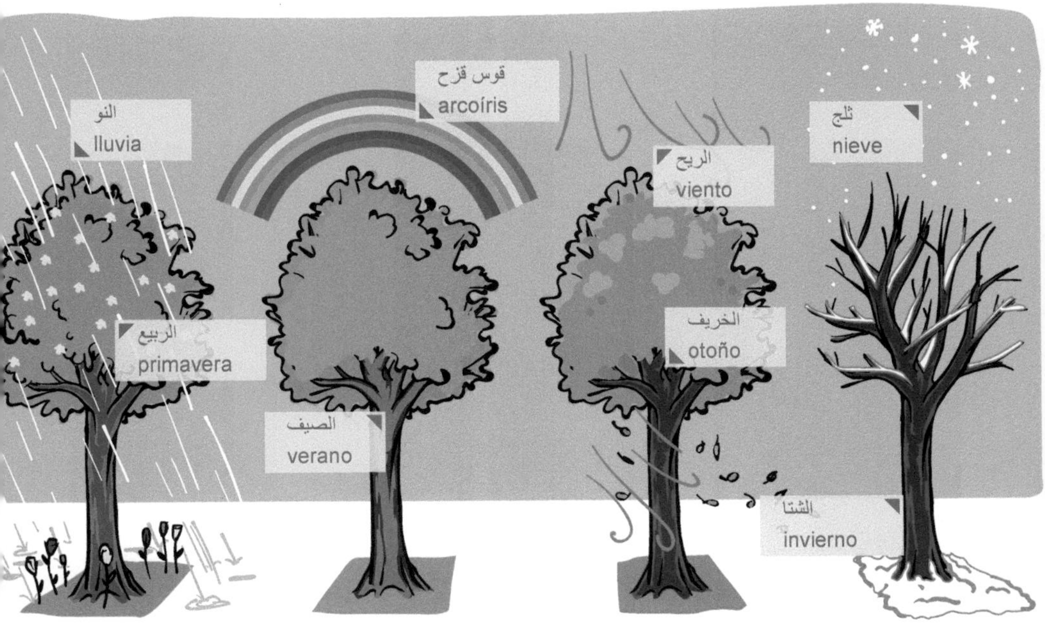

يتنبأ بالحال

pronóstico del tiempo

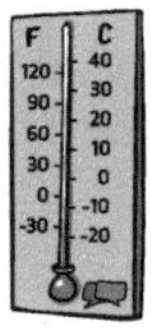

مقياس حرارة

termómetro

ضوء الشمس

sol

سحابة

nube

ضباب

niebla

ميديتي

humedad

برق
....
rayo

رعد
....
trueno

عاصفة
....
tormenta

بَرَد
....
granizo

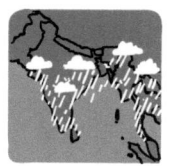

ريح
....
monzón

طوفان
....
inundación

جليد
....
hielo

جانفي
....
enero

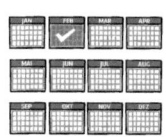

فيفري
....
febrero

مارس
....
marzo

افريل
....
abril

ماي
....
mayo

جوان
....
junio

جويلية
....
julio

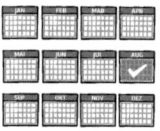

اوت
....
agosto

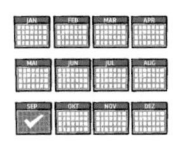

سبتمبر
....
septiembre

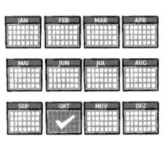

اكتوبر
....
octubre

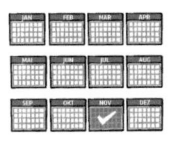

نوفمبر
....
noviembre

ديسمبر
....
diciembre

فورما

formas

دويرة
....
círculo

مربع
....
cuadrado

مستطيل
....
rectángulo

مثلث
....
triángulo

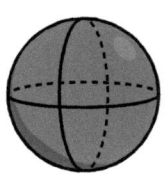

كويرة
....
esfera

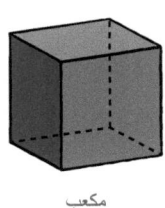

مكعب
....
cubo

بيض

blanco

صفر

amarillo

تٌليني

anaranjado

روز

rosa

حمر

rojo

حلحالي

morado

زرق

azul

خظر

verde

قهوي

marrón

قري

gris

كحل

negro

بزاف / شوية

mucho / poco

زعفان / مكالمي

enojado / tranquilo

شباب / مشي شباب

bonito / feo

البدية / التالي

principio / fin

كبير / صغير

grande / pequeño

فاتح / فونسي

claro / oscuro

خو / خت

hermano / hermana

نقي / موسخ

limpio / sucio

كامل / ناقص

completo / incompleto

نهار / اليل

día / noche

ميت / حي

muerto / vivo

عريض / ضيق

ancho / estrecho

يقدو ياكلوه / ميقدروش ياكلوه

comestible / no comestible

شرير / ناس ملاح

malo / amable

يثير / يمل

entusiasmado / aburrido

سمين / رقيق

gordo / delgado

اللولا / التالية

primero / último

الصاحب / لعدو

amigo / enemigo

معمر / فارغ

lleno / vacío

قاصح / سوبل

duro / blando

ثقيل / خفيف

pesado / ligero

جوع / عطش

hambre / sed

مريض / صحيح

enfermo / sano

غير شرعي / شرعي

ilegal / legal

ذكي / مبوڤل

inteligente / tonto

يسار / يمين

izquierda / derecha

قرييب / بعيد

cerca / lejos

جديد / مستعمل

nuevo / usado

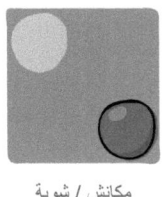

مكانش / شوية

nada / algo

شيباني / شاب

viejo / joven

يشعل / يطفئ

encendido / apagado

محلول / مبلع

abierto / cerrado

بشوية / بلفور

silencioso / ruidoso

مرفح / زوالي

rico / pobre

نيشان / خاطيء

correcto / incorrecto

حرش / رطب

áspero / suave

زعفان / فرحان

triste / contento

قصير / طويل

corto / largo

بشوية / بلخف

lento / rápido

مشمخ / ناشف

húmedo / seco

حامي / بارد

cálido / frío

القيرة / لامان

guerra / paz

0	**1**	**2**
صفر	واجد	زوج
cero	uno	dos
3	**4**	**5**
ثلاثة	ربعة	خمسة
tres	cuatro	cinco
6	**7**	**8**
ستة	سبعة	ثمانية
seis	siete	ocho
9	**10**	**11**
تسعة	عشرة	حداعش
nueve	diez	once

12

ثناعش
....
doce

13

تلطاعش
....
trece

14

رباطاعش
....
catorce

15

خمسطاعش
....
quince

16

سطاعش
....
dieciséis

17

سبعطتعش
....
diecisiete

18

ثمنطاعش
....
dieciocho

19

تساعطاش
....
diecinueve

20

عشرون
....
veinte

100

مية
....
cien

1.000

ألف
....
mil

1.000.000

مليون
....
millón

انقلي

inglés

انغلي تاع مريكان

inglés americano

لغة الشنوية

chino mandarín

الهندية

hindi

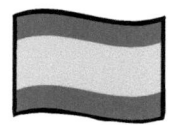

سبنيولية

español

الفرونسي

francés

العربية

árabe

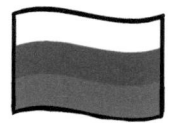

الروسية

ruso

البوتغالية

portugués

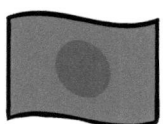

البنغالية

bengalí

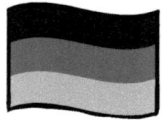

لالمنية

alemán

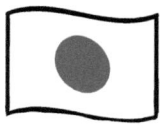

الجابونية

japonés

انا

yo

نتا

tú

هو

él / ella / ello

حنايا

nosotros/as

نتوما

vosotros/as

هوما

ellos/as

شكون

¿quién?

واش

¿qué?

كيفاش

¿cómo?

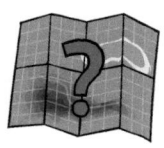

وين

¿dónde?

وقتاش

¿cuándo?

الاسم

nombre

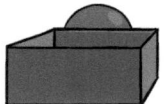

مرول

detrás

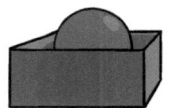

في

en

قدام

delante de

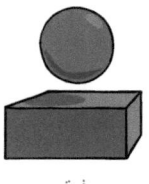

فوق

por encima de

على

sobre

تحت

debajo de

حدا

junto a

بين

entre

بلاصة

lugar